PIERRE AUGUSTE

DUBRUNFAUT

CHIMISTE, AMATEUR D'AUTOGRAPHES

NOTICE BIOGRAPHIQUE

PAR

ÉTIENNE CHARAVAY

ARCHIVISTE-PALÉOGRAPHE

PARIS, CHARAVAY FRÈRES ÉDITEURS

4, rue de Furstenberg, 4

1882

Extrait de l'*Amateur d'Autographes.*

PIERRE AUGUSTE

DUBRUNFAUT

CHIMISTE

AMATEUR D'AUTOGRAPHES

PIERRE AUGUSTE

DUBRUNFAUT

CHIMISTE, AMATEUR D'AUTOGRAPHES

NOTICE BIOGRAPHIQUE

PAR

ÉTIENNE CHARAVAY

ARCHIVISTE-PALÉOGRAPHE

PARIS, CHARAVAY FRÈRES ÉDITEURS

4, rue de Furstenberg, 4

1882

PIERRE AUGUSTE

DUBRUNFAUT

Le 7 octobre 1881, un des plus célèbres amateurs d'autographes de l'Europe, M. Pierre-Auguste Dubrunfaut, a été enlevé brusquement à la science et à l'amour des siens par un terrible accident. Une fuite de gaz, résultant d'un poêle placé dans sa chambre à coucher, a déterminé une asphyxie à laquelle il n'a, malgré les soins les plus empressés, survécu que peu d'heures. Tous ceux qui ont connu ce vénérable vieillard, qui ont admiré sa santé robuste, sa vive intelligence, son ardeur infatigable au travail, ont été stupéfaits de cette fin imprévue. Pour moi, qui l'avais vu la veille, qui l'avais écouté parler de ses expériences, de son traité sur la longévité humaine, j'ai peine encore à croire à cette subite disparition d'un homme si plein de vie et de santé.

La mort de M. Dubrunfaut est une grande perte pour la science et pour ses amis ; personne ne pouvait la ressentir plus vivement que moi. Depuis mon enfance, M. Dubrunfaut m'honorait de sa bienveillance et de ses conseils. Il avait reporté sur moi l'amitié qu'il avait pour mon père et il me témoignait une confiance dont j'étais heureux. Aussi est-ce avec une profonde douleur que je viens, dans ce journal dont il a été un des plus éminents collaborateurs, rendre un suprême hommage de respect et de gratitude au savant éminent et à l'homme de bien que la France vient de perdre.

M. Pierre-Auguste Dubrunfaut, né à Lille le 1er septembre 1797, avait eu pour premiers maîtres l'abbé Poriette et le docteur Boulet, élève du célèbre chirurgien Desault (1). A l'âge de douze ans il fut envoyé à Paris à l'institution Savouré, où ont été élevés tant d'hommes célèbres du XIXe siècle. Là il eut, — coïncidence curieuse, — pour condisciple un enfant de son âge qui devait, comme lui, devenir un des plus grands collectionneurs d'autographes de l'Europe, M. le baron Feuillet de Conches. Il entra ensuite au collège et fit ses études chimiques avec Clément Desormes, Gay-Lussac et Dulong. Il rentra ensuite à Lille, où il fut admis comme employé dans une maison de banque. « Mais, dit M. Georges Dureau (2), les aptitudes du futur savant ne le portaient guère à étudier les choses de la finance et, à la suite d'un voyage qu'il eut l'occasion de faire en Belgique et en Hollande et au cours duquel il visita les distilleries de grains de ces pays, M. Dubrunfaut s'adonna définitivement à la carrière industrielle et scientifique (3). Il avait rassemblé, dans ses voyages, une série de notes et de renseignements sur la distillation. Il publia, en 1824, les résultats de ces études dans un ouvrage intitulé *Traité complet de l'art de la distillation*. Cet ouvrage contenait dans un ordre méthodique les instructions techniques et pratiques les plus exactes sur les

(1) M. Dubrunfaut avait gardé un tel souvenir de ses premiers maîtres qu'il leur dédia, en 1873, son grand ouvrage sur le sucre. « Fidèle au culte des souvenirs, dit-il, je suis heureux de pouvoir placer en tête de ces travaux de ma vieillesse les noms de deux hommes de bien, auxquels j'ai dû, dans mon enfance, de bons exemples, de bons conseils et une sage direction des études qui ont fait le charme de ma vie. »

(2) *Journal des fabricants de sucre.*

(3) Son premier travail, qui concernait la fabrication des eaux-de-vie de grains et la qualité de l'eau la plus convenable à la fermentation alcoolique, a paru, en 1821, dans les *Annales de chimie et de physique* (t. XIX, p. 73).

préparations des boissons alcooliques avec les raisins, les grains, les pommes de terre, les fécules et avec tous les végétaux sucrés ou farineux. »

En 1825 M. Dubrunfaut publia l'*Art de fabriquer le sucre de betteraves,* qui eut le plus grand succès et fut rapidement épuisé (1). « Dans cet ouvrage il préconisait l'application du travail alcalin et il prédisait le développement que devait prendre l'industrie du sucre de betterave. » De 1826 à 1829 il publia l'*Industriel,* journal destiné à répandre les connaissances utiles à l'industrie générale. Il établit de grandes usines pour la distillation des alcools de mélasses à Douai (1834), à Valenciennes (1837) et à Bercy. En somme les travaux de M. Dubrunfaut, de 1831 à 1834, ont créé la grande industrie des alcools purs, dits alcools *fins*.

De 1829 à 1832 M. Dubrunfaut rédigea l'*Agriculteur manufacturier*. En 1837 il prit pour élève M. Hippolyte Leplay, qui devint depuis son neveu par alliance et qui est resté le fidèle compagnon de sa vie et de ses travaux (2). En 1845 il écrivit sa brochure : *la Vigne remplacée par la betterave,* qui produisit une vive sensation par l'originalité des vues qu'elle contenait. « C'est à l'année 1849 que remontent les expériences de M. Dubrunfaut sur l'application des sucrates de baryte, de strontiane, de plomb et de chaux pour l'extraction du sucre des mélasses. On sait quel parti les Allemands ont su tirer de ces procédés. » Dès 1854 M. Dubrunfaut s'occupa du procédé d'épuisement des mélasses, basé sur sa découverte de l'analyse osmotique. En 1863 il fit construire des *osmogènes,* qui figurèrent à l'Exposition de 1867. En 1873 il publia le résultat de ses savantes recherches sur cette matière dans le livre intitulé *l'Osmose et ses applications industrielles.* Cette même année il donna aussi au public son œuvre capitale : *le Sucre dans ses*

(1) Cet ouvrage atteignit, dans le commerce, jusqu'à 150 francs, tant les spécialistes en appréciaient l'importance.

(2) M. Leplay fut le collaborateur assidu de M. Dubrunfaut dans les travaux exécutés à Bercy. C'est en leur nom à tous deux que fut pris, en 1849, le brevet pour l'application des sucrates de baryte, de strontiane, de plomb et de chaux à l'extraction du sucre de mélasses.

rapports avec la science, l'agriculture et le commerce, qui comprend deux volumes.

M. Dubrunfaut était doué d'un esprit libéral et pratique qui lui permettait d'avoir sur un grand nombre de sujets scientifiques les idées les plus originales et les plus élevées. L'économie politique l'intéressait tout particulièrement ; il avait prévu les problèmes qui s'imposent à tous les esprits et il proposait d'ingénieuses solutions. Il avait une profonde admiration pour les grandes choses de la Révolution française et il avait récemment réclamé une statue pour l'abbé Grégoire, qu'il considérait comme un des bienfaiteurs de l'humanité. Nos lecteurs se rappelleront qu'ici même il avait publié un mémoire économique de ce grand homme (1).

M. Dubrunfaut préparait aussi un traité sur la longévité humaine. Sa verte vieillesse, qu'il attribuait à son hygiène, lui donnait le droit de traiter *ex professo* cette intéressante question.

M. Dubrunfaut, plongé dans ses études, dédaignait les honneurs. Aussi ne récompensa-t-on que tardivement ses découvertes. En 1854 la Société d'agriculture et la Société d'encouragement lui décernèrent leurs grandes médailles d'or ; à l'Exposition universelle de 1855 une médaille d'honneur lui fut justement attribuée (2). Ce ne fut qu'en 1861 que le Gouvernement, sur la proposition de l'illustre chimiste Dumas, répara un oubli surprenant en donnant la croix d'honneur à un homme qui avait tant fait pour l'industrie française. En 1878 les sénateurs et les députés de Lille demandèrent qu'on promût au grade d'officier M. Dubrunfaut. Cet acte de justice fut immédiatement accompli et le général Faidherbe annonça cette nouvelle à son savant compatriote dans des termes qui leur font honneur à tous deux. M. Dubrunfaut fut surpris de cette distinction, à laquelle il ne

(1) Nos 323-324 (août-septembre 1880).

(2) En 1823 M. Dubrunfaut avait obtenu une médaille d'or de la Société d'agriculture pour un mémoire sur la saccharification des fécules, et, en 1844, une médaille d'argent à l'Exposition des produits de l'industrie. En 1851 trois industriels qui employaient ses procédés furent récompensés à l'Exposition de Londres, mais ce n'est qu'en 1855 qu'on rendit enfin justice aux découvertes de M. Dubrunfaut.

songeait guère, mais il fut profondément touché de la preuve d'estime que lui donnaient ses concitoyens.

M. Dubrunfaut avait désiré faire partie de l'Académie des sciences. Persuadé que ses découvertes lui permettaient d'aspirer à cet honneur et que ses connaissances spéciales ne seraient pas inutiles à l'illustre société, il se présenta, en 1868, au fauteuil vacant, dans la section d'économie rurale, par le décès de M. Rayer. A cette occasion il publia une notice sur ses travaux et l'adressa à l'Académie des sciences pour justifier sa candidature. Les termes dans lesquels M. Dubrunfaut exposa ses états de service sont dignes d'un vrai savant, qui a conscience de ce qu'il a fait et de ce qu'il vaut (1). L'élection eut lieu le 2 mars 1868

(1) L'opuscule de M. Dubrunfaut comprend 37 pages in-4° et se compose de 7 parties : 1° Avertissement ; — 2° Première lettre à messieurs les Académiciens, servant d'introduction à la présente notice ; — 3° Notice sur les travaux de M. A.-P. Dubrunfaut ; — 4° Publications scientifiques, industrielles et agricoles, présentées dans l'ordre chronologique ; — 5° Travaux industriels et services rendus à l'industrie et à l'agriculture ; — 6° Titres de membre de Sociétés savantes, agricoles, industrielles et autres ; — 7° Distinctions honorifiques.

La *première lettre* est conçue en termes si remarquables que je crois devoir en reproduire ici le texte :

« Messieurs les Académiciens,

« Une candidature académique implique dans le candidat la conscience de sa dignité, elle lui impose l'obligation de la justifier ; c'est le devoir que nous remplissons aujourd'hui.

« Nous admettons que la science doit former la base des titres académiques. Les titres de science de premier ordre peuvent seuls justifier une candidature dans vos sections scientifiques régulièrement classées ; la section d'économie rurale et d'art vétérinaire ajoutée à l'ancienne Académie des sciences, par le décret de l'an III, peut seule déroger à la règle commune, attendu qu'elle s'applique à des arts qui, malgré leur importance, n'ont pu encore être élevés au rang de véritables sciences.

« De là sans doute, Messieurs, les difficultés incessantes que vous éprouvez pour combler dignement les vides qui se produisent dans votre section d'économie rurale et d'art vétérinaire. De là aussi les difficultés que rencontrent les candidats pour reconnaître et établir la valeur de leurs titres.

« Vos traditions, conformes à l'esprit qui a dirigé les fondateurs de l'Académie des sciences, établissent que votre section d'économie rurale a le privilège de se recruter parmi les hommes honorables dont les travaux scientifiques ont contribué ou peuvent le plus contribuer au progrès de l'art agricole et de l'art vétérinaire.

« La question ainsi posée se réduit à des termes fort simples, et c'est la méthode que nous avons cru devoir admettre pour examiner la validité de nos titres et l'opportunité de notre candidature. — Cet examen consciencieux nous ayant été exclusivement favorable, nous n'avons pas hésité, dès ce moment, à nous présenter devant vous et à revendiquer, comme un droit, l'honneur insigne de vous appartenir. Ce droit nous croyons le posséder à un double titre :

« Nous le possédons par la science que nous avons cultivée avec quelque succès ;

et M. Bouley, directeur de l'École vétérinaire d'Alfort, fut élu. Depuis lors, malgré les vacances qui se produisirent dans la section, M. Dubrunfaut ne renouvela pas sa candidature, qui eût certainement réussi à une seconde épreuve, et il est regrettable que le nom d'un chimiste de si grande valeur n'ait pas été inscrit parmi les membres de l'Académie des sciences.

M. Dubrunfaut a travaillé sans relâche jusqu'à son dernier jour dans son laboratoire de Bercy, avec ses fidèles et dévoués collaborateurs, MM. Hippolyte Leplay et Jules Cuisinier. Il avait récemment trouvé le moyen de fabriquer du sucre blanc, pur et sans mélasses, et il s'occupait à perfectionner cette importante découverte quand la mort l'a surpris (1). M. Dubrunfaut avait laissé des dispositions testamentaires quant à son enterrement. « Je désire, avait-il écrit, être enterré sans frais ni cérémonial autres que ceux qui sont usités pour les pauvres. Mes héritiers, qui pourraient, sans difficultés, faire les frais d'un enterrement de première classe, pourront donner aux pauvres du 12e arrondissement la moitié de la somme que requerrait un pareil enterrement. » L'homme simple et bon se révélait encore dans ces suprêmes recommandations. Les héritiers de M. Dubrunfaut

« Nous le possédons surtout par les services que le culte religieux de la science nous a permis de rendre aux arts, et notamment à l'art agricole, par un demi-siècle de travaux persévérants et non interrompus.

« Ces services sont de notoriété publique ; ils sont enregistrés dans des documents authentiques qui serviront de base à l'histoire des arts, et nous ne conservons nul doute sur les droits qu'ils nous concèdent.

« Nos travaux, n'ayant pas été exécutés dans un but académique, n'ont sans doute pas la forme et la distinction que comportent vos usages et vos habitudes ; cependant, tels qu'ils sont, nous les croyons dignes de vous être présentés.

« Rédigés sans soin ou accomplis sans vues ambitieuses, ils ont reçu de l'expérience et du temps la seule consécration qu'ils pussent ambitionner : celle d'avoir touché glorieusement le but qu'ils se proposaient et d'avoir rendu à la science, aux arts, à l'industrie, des services qui ne sont pas méconnus, puisqu'ils ont déjà reçu d'honorables distinctions.

« Nous vous les présentons avec confiance à l'appui de cette notice qui restera, nous l'espérons, comme table des matières d'une vie exclusivement consacrée au travail et à l'amour de la science.

« Agréez, Messieurs les Académiciens, l'hommage du profond respect avec lequel nous avons l'honneur d'être

« Votre très humble et obéissant serviteur,

« DUBRUNFAUT. »

(1) Cf. l'article nécrologique consacré à M. Dubrunfaut par M. H. Tardieu dans la *Sucrerie indigène et coloniale* (numéro du 19 octobre 1881).

ont exécuté les volontés de leur illustre parent et ils ont fait distribuer aux pauvres une somme de cinq mille francs. De nombreux amis ont accompagné à sa dernière demeure cet éminent citoyen et ont témoigné des regrets que sa perte a causés dans le monde savant.

M. Dubrunfaut était un des plus grands amateurs d'autographes de l'Europe. C'est en 1857 qu'il commença sa collection, avec les conseils de mon père. Dès lors il recueillit avec ardeur les lettres des hommes célèbres, choisissant dans toutes les ventes les pièces les plus curieuses. Les savants avaient tout d'abord attiré spécialement son attention et il en a réuni la série la plus complète qu'on connaisse.

M. Dubrunfaut ne se contentait pas, comme ont fait beaucoup d'amateurs, de recueillir une seule lettre d'un personnage. Il aimait les correspondances et formait sur certaines illustrations des dossiers complets. Ainsi il avait acquis de mon père la correspondance de Jean-Baptiste Rousseau et de moi celle de Jullien de Paris, qui avait été son ami. Il possédait plusieurs centaines de lettres de Voltaire; une correspondance inédite de J.-J. Rousseau, achetée à la vente Solar; les manuscrits de Mirabeau, provenant de la vente Lucas de Montigny. Il avait la plus grande partie des lettres de Boileau adressées à Brossette, ainsi que plusieurs lettres de Bossuet, de Racine, de la Fontaine, etc. Il possédait, entre autres raretés de premier ordre, trois signatures de Molière et une signature de la Bruyère.

M. Dubrunfaut avait encore réuni des séries d'artistes dramatiques, de généraux et de célébrités de la Révolution française. Il était parvenu à recueillir une suite presque complète de conventionnels et on peut affirmer que sa collection est la plus nombreuse qui existe. Il ne se faisait pas de vente où il n'augmentât ses dossiers. Les cabinets de MM. Boilly, Rathery, Sensier, Fillon lui ont fourni des pièces importantes. Cette année même j'ai acquis par ses ordres, à la vente Chambry, des autographes fort intéressants.

Un cabinet aussi précieux et aussi connu ne pouvait manquer d'attirer l'attention des érudits. Aussi M. Dubrunfaut recevait-il de nombreuses demandes de communications. Je dois dire qu'obéissant à sa libéralité d'esprit il faisait le meilleur accueil à ceux qui, dans un but d'utilité, venaient visiter sa collection. Combien d'hommes de lettres et d'historiens ont eu à se louer de sa bienveillance ! Moi, qui leur ai le plus souvent servi d'intermédiaire, je le sais mieux que personne et je tiens à le proclamer hautement.

La libéralité de M. Dubrunfaut s'exerça pleinement l'année dernière. On reconstitua à cette époque les archives de l'Académie des sciences, grâce aux soins d'un de mes amis, M. Ernest Maindron. M. Dubrunfaut témoigna son approbation de cette sage mesure en faisant don à l'Académie des sciences de 222 lettres ou manuscrits de savants. La liste complète de ces pièces a été publiée, en 1880, dans ce journal même (1) et la brochure de M. Dubrunfaut, relatant le fait, sera distribuée sous peu, suivant les ordres de son auteur.

Enfin, cette année même, M. Dubrunfaut a fait, au musée de Lille, un don de la plus grande importance. Il voulait constituer dans sa ville natale un musée autographique devant servir à l'instruction de ses compatriotes. Dans ce but il fit placer dans des cadres des autographes et des portraits d'hommes célèbres, et, lors de l'inauguration du nouveau musée de Lille, ces tableaux d'un nouveau genre excitèrent vivement la curiosité publique.

Les Lillois, en reconnaissance d'une telle libéralité, songèrent à placer dans leur musée un buste de M. Dubrunfaut ; ils lui firent des ouvertures à ce sujet, mais le vénérable savant — c'est de lui-même que je tiens ces détails — répondit négativement et ajouta : « Quand je serai mort, on fera mon buste, mais pas avant. »

Ce projet, conçu du vivant de M. Dubrunfaut, va être exécuté. C'est un monument que les admirateurs du grand chimiste veulent élever à sa mémoire. La souscription est ouverte et on peut, dès maintenant, affirmer qu'elle obtiendra un succès digne de celui dont elle veut consacrer la gloire.

(1) Nos 333-334 (juin-juillet 1880).

IMPRIMÉ

PAR

CL. MOTTEROZ

A

PARIS

www.ingramcontent.com/pod-product-compliance
Lightning Source LLC
LaVergne TN
LVHW050519160826
845677LV00003B/1222

* 9 7 8 2 3 2 9 6 3 8 0 6 5 *